SANTA MARIA PUBLIC LIBRARY

3 2113 00486 2481

SPANISH

j 361.92 A222

Armentrout, David, 1962-
Jane Addams
Vero Beach, FL : Rourke
Pub., c2002.

Discarded by
Santa Maria Library

Guad. Br.   SEP 2 4 2002

BRANCH COPY

GAYLORD MG

JANE ADDAMS

PERSONAS QUE CAMBIARON LA HISTORIAE

David y Patricia Armentrout

Traducido por Esther Sarfatti

Rourke Publishing LLC
Vero Beach, Florida 32964

© 2002 The Rourke Book Co. Inc.

Reservados todos los derechos. Ninguna parte de este libro puede ser reproducida o almacenada en manera alguna ni por ningún medio, ya sea electrónico, mecánico, fotocopia, grabación, ni por sistemas de almacenamiento y recuperación, sin permiso previo del editor.

www.rourkepublishing.com

DERECHOS DE LAS FOTOGRAFÍAS
Fotografías cedidas por la Colección Memorial de Jane Addams, JAMC negs. 2, 4, 15, 140, 151, 556, 837, 850, 920, 1054, 1639, Colecciones Especiales, Biblioteca de la Universidad de Illinois en Chicago.

SERVICIOS EDITORIALES
Pamela Schroeder

Catalogado en la Biblioteca del Congreso bajo:

ISBN 1-58952-165-X
Impreso en EE.UU.

CONTENIDO

¿Quién fue Jane Addams?   5

La infancia de Jane   6

Jane y su padre   9

Aprendiendo sobre la pobreza   11

La educación de Jane   12

El plan de Jane para la Casa Hull   17

Premio Nobel de la Paz   20

Fechas importantes para recordar   22

Glosario   23

Índice   24

Lecturas/Páginas Web recomendadas   24

¿QUIÉN FUE JANE ADDAMS?

Jane Addams ayudó a los niños y a los pobres. Luchó por la igualdad de derechos y por la paz mundial.

Jane y su amiga Ellen Star abrieron una **casa-hogar** en Chicago. La casa era un lugar acogedor y seguro para los **inmigrantes** y sus niños.

Jane Addams ganó el **Premio Nobel de la Paz** en 1931.

Jane Addams fue la primera mujer americana que recibió el Premio Nobel de la Paz.

LA INFANCIA DE JANE

Jane nació en Cedarville, Illinois, en 1860. Su padre, John Huy Addams, era **senador** y tenía un molino. La madre de Jane, Sara, murió cuando Jane tenía sólo dos años. John Addams se casó de nuevo. La madrastra de Jane se llamaba Anna Haldeman y tenía dos hijos propios.

Jane Addams a los ocho años.

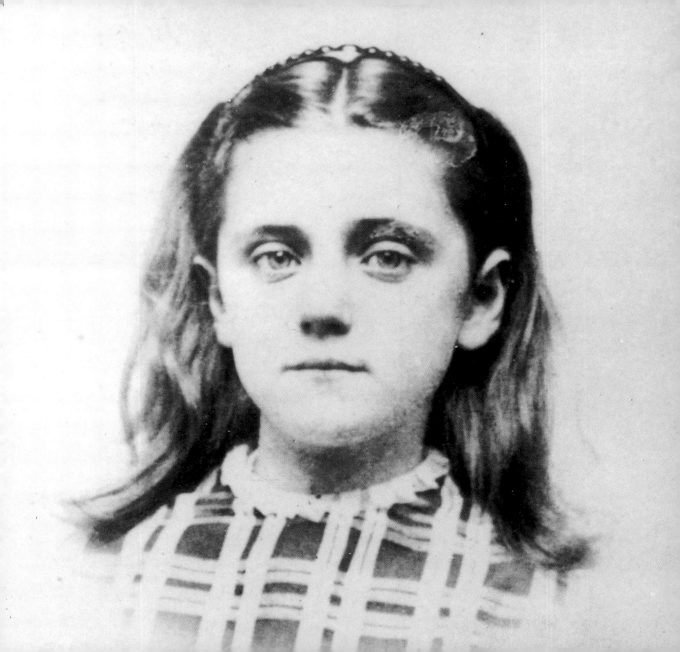

JANE Y SU PADRE

   A Jane le encantaba pasar tiempo con su padre.
Lo admiraba cuando daba su clase sobre la Biblia.
Le gustaba estar cerca de él y de otros adultos.
   John Addams era inteligente y tenía éxito.
También era un hombre justo. John Addams no
creía en la esclavitud. Ayudó en secreto a los
esclavos que llegaban a través del **Ferrocarril
Subterráneo**.

*La casa de la familia de Jane en
Cedarville, Illinois.*

APRENDIENDO SOBRE LA POBREZA

Jane estaba acostumbrada a tener todo lo que necesitaba. Vivía en una casa grande con una familia cariñosa. Un día Jane se fue de viaje con su padre. Jane vio gente que vivía en casas pequeñas y en mal estado. Se preguntó por qué había gente que vivía de esa manera. El padre de Jane dijo que algunas personas no tenían otra opción que vivir en la pobreza.

Ver estas casas ruinosas entristeció a Jane Addams.

LA EDUCACIÓN DE JANE

Cuando Jane creció, fue al Seminario Femenino de Rockford. Se graduó con muy buenas notas. Soñaba con estudiar medicina.

Durante el verano de 1881, el padre de Jane enfermó y murió. Jane se sintió muy sola sin su padre. No sabía qué hacer con su vida. Jane decidió por fin dedicarse a la medicina.

Jane con su madrastra y su hermanastro después de la muerte de su padre.

Jane fue a la Escuela Femenina de Medicina de Filadelfia. Después del primer año, empezó a tener dolores de espalda. Jane había nacido con la columna desviada y esto empezaba a afectar su salud. Se operó, pero tuvo que dejar la escuela de medicina para poder mejorar.

En 1883, Jane viajó por Europa. Disfrutó de los hermosos e interestantes lugares que visitó. No obstante, Jane se entristeció al ver la gente pobre que vivía allí.

Ellen Starr era muy buena amiga de Jane. Ayudó a Jane a abrir la Casa Hull.

EL PLAN DE JANE PARA LA CASA HULL

Jane pasó los años siguientes aprendiendo maneras de ayudar a los pobres. Visitó el Toynbee Hall en Londres. Allí conoció a gente que ayudaba a los necesitados en la parte pobre de la ciudad. Jane pensó que el Toynbee Hall era una gran idea.

Jane habló a su amiga Ellen Starr sobre su plan para ayudar a los necesitados. Ellen estuvo de acuerdo en ayudar a Jane y las dos mujeres se encontraron en Chicago.

Jane y Ellen abrieron la Casa Hull en 1889.

Jane y Ellen alquilaron una casa en los **barrios bajos** de Chicago. La llamaron Casa Hull.

Jane y Ellen usaron su propio dinero y muebles. Con dinero que otras personas les daban, dejaron la casa preciosa.

La Casa Hull abrió en 1889 como una casa-hogar, un lugar para los necesitados. Fue un éxito. Jane estaba viviendo su sueño de ayudar a los demás.

Una familia es recibida a la puerta de la Casa Hull en Chicago.

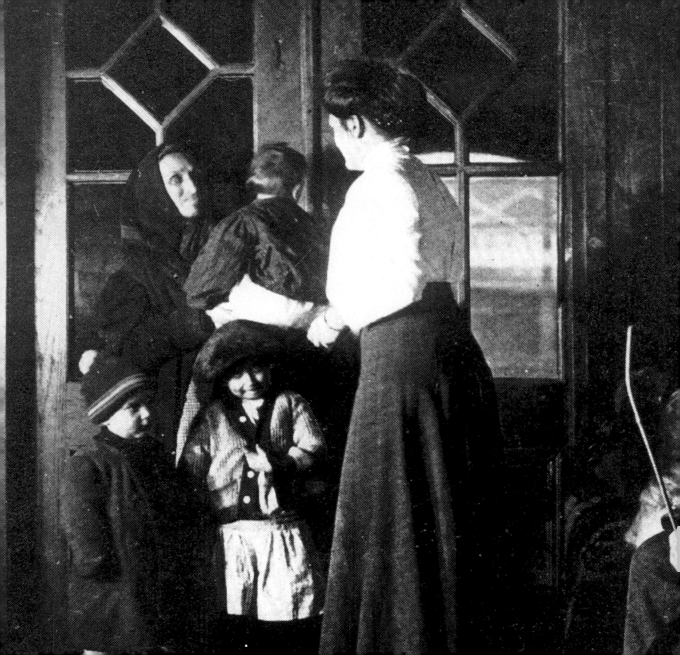

PREMIO NOBEL DE LA PAZ

Jane Addams ayudó a los pobres. También luchó por la igualdad de derechos, la limpieza en los lugares de trabajo y por la paz mundial. Escribió libros y pronunció muchos discursos a lo largo de su vida.

En 1931, Jane Addams ganó el Premio Nobel de la Paz. Su trabajo de toda una vida fue reconocido en el mundo entero.

Jane visitó y ayudó a la gente en la Casa Hull hasta su muerte en 1935.

Jane Addams saluda a unos niños en la guardería Mary Crane, en la Casa Hull.

FECHAS IMPORTANTES PARA RECORDAR

1860	Nació en Cedarville, Illinois (6 de septiembre)
1877	Empezó a estudiar en el Seminario Femenino de Rockford
1881	Muerte de John Huy Addams
1883	Viajó por Europa
1889	Abrió la Casa Hull
1931	Ganó el Premio Nobel de la Paz
1935	Murió en Chicago (21 de mayo)

GLOSARIO

inmigrantes — personas que van a vivir a otro país

Premio Nobel de la Paz — un premio consistente en dinero otorgado cada año a alguien que ayuda a personas alrededor del mundo

pobreza — cuando se tiene muy poco dinero; pobre

senador — un miembro del senado; persona que hace las leyes

casa-hogar — una casa en una parte pobre de la ciudad, con cosas agradables y servicios para los pobres, como guardería, salas de reunión, gimnasio y biblioteca

Ferrocarril Subterráneo — una organización secreta que, a finales del siglo XIX, ayudaba a los esclavos a escapar a estados del norte

barrios bajos — un área pobre y superpoblada de la ciudad con casas en mal estado

ÍNDICE

Addams, John Huy   6,9
Addams, Sara   6
casa-hogar   5, 18
Casa Hull   17, 18, 20
Ferrocarril Subterráneo   9
Haldeman, Anna   6

inmigrantes   5
Premio Nobel de la Paz   5, 20
Seminario Femenino de
   Rockford   12
Starr, Ellen   5, 17, 18
Toynbee Hall   17

Lecturas recomendadas

Carman Harvey, Bonnie. *Jane Addams* Enslow Publishers, Inc. ,1999
Diliberto, Gioia. *A Useful Women* A Lisa Drew Book/Scribner, 1999

Páginas Web recomendadas

• www.lkwdpl.org/wihohio/adda-jan.htm
• www.swarthmore.edu/library/peace

Acerca de los autores

David y Patricia Armentrout se especializan en escribir libros de no ficción. Han publicado varios libros de lectura para escuelas primarias. Viven en Cincinnati, Ohio, con sus dos hijos.